JANE YOLE

¿Cómo va un dinosaurio

a la escuela?

Ilustrado por

MARK TEAGUE

HOUGHTON MIFFLIN HARCOURT
School Publishers

Para "dino-mita", la editora Bonnie Verburg,
a quien siempre le han fascinado estos libros.
J.Y.

A Bonnie Verburg, por editar buenos libros,
y a Kathy Westray por hacerlos muy hermosos.
M.T.

Acknowledgments
How Do Dinosaurs Go to School? by Jane Yolen, illustrated by Mark Teague. Text copyright © 2007 by Jane Yolen. Illustrations copyright © 2007 by Mark Teague. All rights reserved. Published by permission of Scholastic, Inc. and Curtis Brown, Ltd.

Credits
Illustration
31–37 Scott MacNeill.

Photography
31 (bl) © Thomas Northcut/Photodisc/Getty Images. (m) © Comstock Images/Jupiterimages. 32 © Steve Skjold/Alamy. 33 © Raymond Forbes/age fotostock. 34 © Dennis Hallinan/Alamy. 35 © Raymond Forbes/age fotostock. 38 © Blend Images/SuperStock.

Printed in the U.S.A.

Little Big Book ISBN: 978-0-547-13202-0
Big Book ISBN: 978-0-547-13197-9

5 6 7 8 9 10 0607 17
4500660242

Contenido

Selecciones en pares

¿Cómo va un dinosaurio
a la escuela?
¿Camina?
¿Lo llevan en
un auto muy lleno?

¿Arrastra su larga cola?

¿Llega tarde a la parada del autobús?

¿Da fuertes pisadas con las cuatro patas?

¿Hace mucho escándalo?

¿Se pone pesado y golpea
a los demás cuando llega a la escuela?
¿Le quita el almuerzo a algún
compañero de clase?

¿Sube las escaleras deprisa antes de que suene el timbre de la entrada?

Muestra
y
cuenta

Uu Vv Ww Xx Y

10

¿Interrumpe la clase con su propia muestra y cuenta?

¿GRITA

MUCHO

UN DINOSAURIO?

Y cuando está en el salón,

agarrado de su asiento,

¿levanta y mueve

mucho la cola?

15

¿Le gusta gruñir cuando la tiza
hace ruido o

ruge sin que le toque el turno?

¿Estorba mucho para que
los demás no aprendan?

¿Revuelve a
los compañeros
haciendo
bulla?

¿Les hace burla a las niñas?

¿Intimida a los niños?

No...

Un dinosaurio levanta
la mano con cuidado.

Ayuda a sus compañeros
a hacer las tareas que
han planeado.

DSUNGARIPTERUS

En el recreo juega
con los amigos,
y les gruñe a los niños
pesados para que no
molesten a los demás.

Pone en orden

su escritorio,

luego sale corriendo

hacia la puerta.

Bien hecho.

Bien hecho, pequeño dinosaurio.

El autobús escolar

por Stephen Schaffer

Me gusta viajar en el autobús escolar.

Me lleva por toda la ciudad.

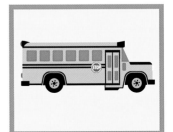

Veo la biblioteca.

Veo la estación de bomberos.

Veo la laguna.

Veo la escuela.
¡Ya es hora de bajarnos
del autobús!

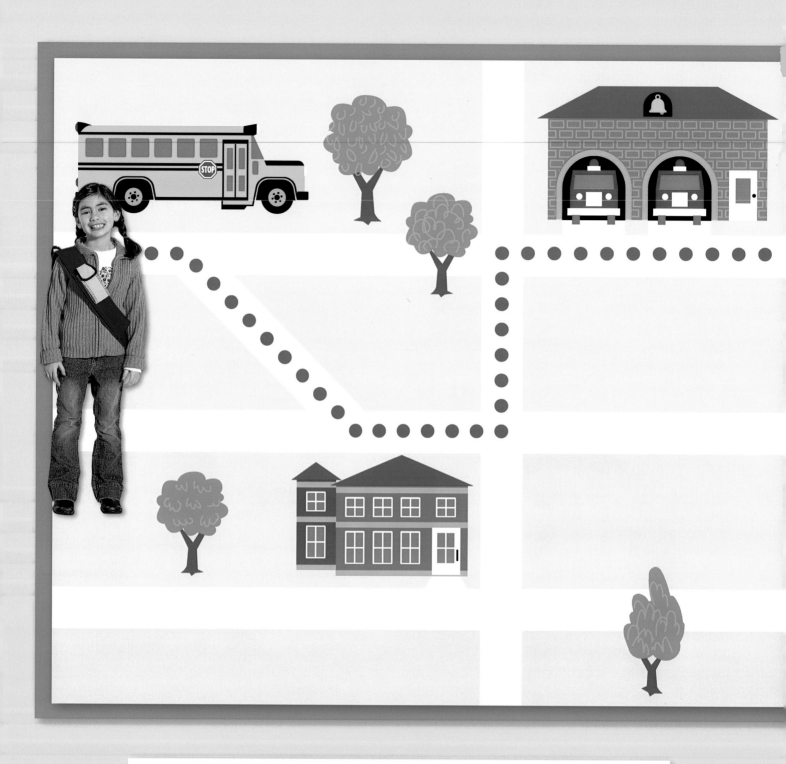

Este es un mapa de mi ciudad.

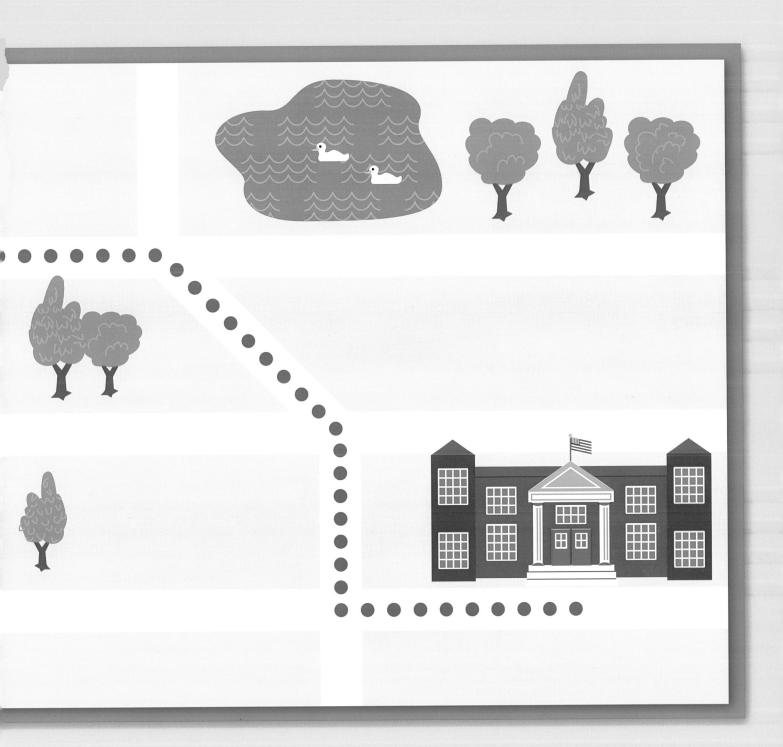

¿Puedes hallar los lugares que yo vi?

Cuando llego a la escuela,
veo a mis amigos.